小豆豆快乐学成语

成语里的技能品质

狐狸姐姐 著

湖南科学技术出版社 小博集
·长沙·

成语，就是这么有趣

“小豆豆快乐学成语”导读

成语是中华文化的生动体现，是人们长期以来习惯使用的固定词组或短句，它简洁、精辟、灵活，具有深刻的思想内涵。

成语主要来源于神话故事（精卫填海、女娲补天等）、寓言故事（画蛇添足、狐假虎威等）、历史故事（完璧归赵、望梅止渴等）、诗词文献（柳暗花明、春花秋月等）、口头俗语（半斤八两、鸡毛蒜皮等）。

在我们的印象中，成语绝大多数是四个字的，其实成语也有三个字的，如：紧箍咒、口头禅；五个字的，如：物以稀为贵、坐山观虎斗；六个字的，如：百闻不如一见、不费吹灰之力；七个字的，如：长江后浪推前浪、聪明反被聪明误；还有短句，如：三天打鱼，两天晒网。

学好成语，并恰当使用成语，可以使我们的作文更有文采，让语言表达更有魅力。当我们描写一座壮观的宫殿时，我们可以用成语形容它金碧辉煌、雕梁画栋或鬼斧神工，而不是枯燥无味地重复“哇，简直太好看了，我从来没见过这么美的宫殿”；当我们置身海边时，我们可以形容大海白浪滔天、惊涛骇浪或波澜壮阔，而不是感叹一句“天哪，浪好大呀”。

那么如何学好成语呢？其实很简单。首先，多读书，结合书中文章的上下文，你可以在语境中更好地理解成语的意思；其次，做个有心人，你可以一边读，一边把读到的成语标记下来。日积月累，必有收获。

当然，阅读这套“小豆豆快乐学成语”，在幽默的故事、好玩的游戏、可爱的图画中，你会发现成语原来这么神奇、有趣，从而潜移默化地爱上成语，并为自己是个中国人而感到骄傲，因为我们汉语中的成语简直是美妙绝伦。

有的同学背了好多成语，能在成语接龙比赛中接一条特别长的“龙”，但是写作文时却不能恰当地运用成语，有时甚至会闹出笑话。

下面是小豆豆的好朋友田大壮写的一篇作文，用了二十个成语。你来当小老师，看看这些成语使用得是否都得当。

我和我的好朋友

我叫田大壮。我和小豆豆是形影不离的好朋友。他长得人模人样，我长得膘肥体壮。我有一辆滑板车，他没有，所以他只能皮笑肉不笑地站在一边，虎视眈眈地看着我玩。我不小心摔了个五体投地，他气急败坏地跑过来，虚张声势地关心我是不是受了伤。我感动得痛哭流涕，决定痛改前非、改邪归正，于是我感恩图报、感恩戴德，将我的滑板车舍己为人、大公无私地借给了小豆豆玩。看着小豆豆那得意忘形、张牙舞爪、龇牙咧嘴的快乐模样，我心潮澎湃、欣喜若狂。

田大壮的作文真是令人哭笑不得。如果我是小豆豆，就三天不理田大壮。

恰当使用成语可以为作文增添文采，但是像田大壮这样滥用、误用成语，只能适得其反。

因此，我们在使用成语时，首先要弄清楚成语的含义和感情色彩。比如，夸赞小豆豆语言表达能力强，我们可以用褒义成语——能言善辩，而不能用贬义成语——油嘴滑舌。

其次，并不是一篇作文中运用的成语越多越好，而是要恰到好处。比如，我们描写春天，如果只把春暖花开、春色满园、春风拂面、春回大地、花红柳绿、鸟语花香等关于春天的成语罗列上，缺少生动的细节描写，那么就无法让人真切感受到春天的美。

让我们来欣赏季羡林先生的《春满燕园》中的选段。

今天早晨，我又走过校园。这时候，晨光初露，晓风未起。浓绿的松柏，淡绿的杨柳，大叶的杨树，小叶的槐树，成行并列，相映成趣。

未名湖绿水满盈，不见一条皱纹，宛如一面明镜……

我仿佛看到春天又回到园中：繁花满枝，一片锦绣。不但已经开过花的桃树和杏树又开出了粉红色的花朵，连根本不开花的榆树和杨柳也满树红花。未名湖中长出了车轮般的莲花。正在开花的藤萝颜色显得格外鲜艳。丁香也是精神抖擞，一点也不显得疲惫。总之是万紫千红，春色满园。

中华文化博大精深。学无止境，开卷有益，快跟小豆豆一起感受成语之美，成语之妙，成为成语大王！

人物档案

小豆豆

可爱、调皮。养过鸡，做过神探，卖过花，找过警察，扮过木乃伊……趣事一箩筐。

田大壮

有点儿淘气。尽管是小豆豆的好朋友，但两个人之间有时也会发生小矛盾。

胡小胡

爱哭的男生。他养了一只神奇的鹦鹉叫“第一嘴”。

黄美美

小豆豆的同桌，总爱和小豆豆作对。

牛顿

学霸，他的爱好是做题、考试。

朱珠

可爱的小胖丫。她最爱吃巧克力豆，害怕毛毛虫。

王子老师

幽默、帅气、有爱心。小豆豆特别喜欢这位像大哥哥一样的老师。

小豆豆的爸爸

黄大豆，是位作家。他有时是小豆豆的好朋友，有时又变成严肃的大人。

小豆豆的妈妈

她有个秘密武器——玩具充气锤。充气锤打人一点儿也不疼。

小狗肉包

柯基。聪明，最爱吃肉干。总被小猫菜包欺负，其实不是它打不过菜包，是故意让着菜包。

小猫菜包

中华田园猫中的奶牛猫。调皮，喜欢拆家。如果你看过动画片《黑猫警长》中的警长，就知道菜包长什么样了。

目录

ān rán wú yàng
安然无恙

小豆豆，你怎么好像不高兴？
别提了，都怪食堂的玻璃门擦得太干净。
我明白了，你以为门上没有玻璃，结果撞在玻璃上了。
是呀。幸亏我的脑袋没被撞坏。
你安然无恙，那怎么还不高兴啊？
因为玻璃被我撞碎了，我得找爸爸来安玻璃。
小豆豆，你练过铁头功啊！

释义

安然：平安的样子。恙：疾病、灾祸。形容平安无事，没有疾病，没有遭受损害。

近义词

平安无事

反义词

危在旦夕　危如累卵

造句

田大壮问小豆豆：“一辆车不幸发生了车祸，为什么小刚安然无恙？”小豆豆回答：“因为小刚不在车上。”

成语接龙

安然无恙　怏怏不乐　乐极生悲　悲天悯人

人山人海　海阔天空　空穴来风　风花雪月

月白风清　清风明月

bǎi fā bǎi zhòng
百发百中

田大壮，快看我！
我太厉害了，百发百中，全投到垃圾桶里了。
为什么我总投不进去？
我这回站远点儿，给你表演个高难度动作。
哦？
对不起，我不是故意的。

释义

发：发射。形容射箭、打枪、飞镖等非常准确，每次都能命中目标。也比喻做事有绝对把握，一定能成功。

近义词

弹无虚发　百步穿杨

造句

公园里，小豆豆和田大壮比赛射击，小豆豆百发百中，田大壮却只打中了一个气球。

成语接龙

百发百中　众所周知　知过必改　改头换面

面目一新　新陈代谢　谢天谢地　地利人和

和风细雨　雨过天晴

bàn jīn bā liǎng
半斤八两

我长大要当宇航员。
我也想当宇航员。咱们比赛原地转圈，看谁转得多。胡小胡当裁判。
田大壮 13 圈。
小豆豆 13 圈半。
我胜利了，我比你多了半圈。
你们俩是半斤八两，谁也当不了宇航员。

释义

半斤就是八两，八两就是半斤，重量相同（旧的度量衡制度一市斤就等于十六两）。比喻彼此实力相当，不相上下。

近义词

不相上下　旗鼓相当

反义词

天壤之别　大相径庭

造句

小豆豆和田大壮的画画水平是半斤八两，他们都画得很一般。

成语接龙

半斤八两　两手空空　空谷传声　声泪俱下
下不为例　例行公事　事在人为　为人师表
表里如一　一鸣惊人

bì mén sī guò
闭门思过

小豆豆哪儿去了？
他正在房间里闭门思过。
哦？为什么？
他把毽子踢到了饭碗里。
孩子不是故意的，就别让他闭门思过了。
他还把毽子踢到了汤碗里，一大碗牛肉汤白白浪费了。
必须让他好好反省。

释义

过：过错。指关起门来回想、检查自己的过错。

近义词

反躬自省

反义词

文过饰非　执迷不悟

造句

通过闭门思过，田大壮认识到应当认认真真地做事。

成语接龙

闭门思过　过目不忘　忘乎所以　以己度人

人人自危　危言耸听　听风是雨　雨过天晴

晴天霹雳　历历在目

bìng cóng kǒu rù
病从口入

操场
一二一！一……
老师，我要上厕所。
快去吧！
老师，我也要上厕所。
老师，我也要上厕所。
为什么都要上厕所？
老师，他们几个人课间一直偷吃辣条来着。

释义

指人体的疾病多是因为饮食不慎。

近义词

病由口入

造句

小豆豆在小吃摊吃了十串羊肉串，喝了一瓶冰汽水，结果病从口入，进了医院。

成语接龙

病从口入　入木三分　分文不取　取之不尽

尽善尽美　美不胜收　收回成命　命若悬丝

丝竹管弦　弦外之音

bù chǐ xià wèn
不耻下问

小豆豆老师，教教我，你怎么转得这么好？
快教教我，你有什么窍门？
这个好玩，没有方向盘，你怎么拐弯呢？
姥爷，我可以告诉你怎么拐弯，但你可不能玩。
为什么我不能玩？
因为田大壮的爷爷玩这个都住院了。

释义

不认为向地位比自己低的人或学问不如自己的人请教是羞耻的事。形容虚心好学。

近义词

虚怀若谷

反义词

好为人师　自以为是

造句

何小米比别人参加少儿编程班的时间晚，但她总是不耻下问，所以进步很快。

成语接龙

不耻下问　问一答十　十全十美　美中不足
足智多谋　谋财害命　命中注定　定于一尊
尊师重道　道听途说

bù dǎ zì zhāo
不打自招

咦，我买的红心火龙果怎么不见了？
你别看我，我没吃。
你看，我也没吃。
哈哈，不打自招，原来是你们俩偷吃的。

释义

还没有拷问就招供了。也比喻无意中暴露了真实情况。

近义词

供认不讳

反义词

屈打成招　讳莫如深

造句

小豆豆发现作业本不见了，结果在狗窝里发现了碎片，肉包不打自招。

成语接龙

不打自招　招兵买马　马到成功　功德无量
量力而行　行云流水　水中捞月　月明星稀
稀世之宝　宝刀不老

bú yì ér fēi
不翼而飞

我的钢笔没墨水了，你能借我一支吗？
我只有一支，你甩一甩笔，也许能甩出来墨水。
哎呀！
?
甩完有墨水没？
有墨水了，可是笔尖不翼而飞了。

释义

翼：翅膀。没有翅膀却飞走了。比喻东西突然不见了。

近义词

不胫而走

反义词

失而复得　插翅难飞

造句

小豆豆的毽子又不翼而飞了，这已经是他丢失的第五个毽子了。

成语接龙

不翼而飞　飞沙走石　石沉大海　海阔天空
空前绝后　后来居上　上天入地　地大物博
博学多才　才华横溢

zhāo sān mù sì
朝三暮四

妈妈，我想学击剑。
我看你像一把剑。
妈妈，要不我学架子鼓吧。
我看你像架子鼓。
实在不行，我学吹口琴，口琴便宜。
我看你像口琴。你总是朝三暮四的，浪费钱。
算了，我还是学吹口哨吧。

释义

朝：早晨。暮：傍晚。形容经常变卦，反复无常。

近义词

朝秦暮楚　反复无常

反义词

始终如一　始终不渝

造句

吕跳跳一会儿想学画画，一会儿想学书法，朝三暮四，结果什么也没学好。

成语接龙

朝三暮四　四面楚歌　歌舞升平　平易近人

人才出众　众口一词　词不达意　意味深长

长年累月　月落乌啼

cù bù jí fáng
猝不及防

黄美美，
嗝——不许
学我——嗝！
我就学！
嗝——嗝——
毛毛虫，在
你头上！
啊——
你干吗突然
吓唬我？
我是帮你治打嗝
呢！我吓唬你，
你没防备，然后
嗝就被吓跑了。
我不是真打嗝，
是在学小豆豆
打嗝呢！

释义

猝：突然。防：防备。事情来得太突然，让人根本来不及防备。

近义词

措手不及

反义词

有备无患　防患未然

造句

菜包突然从门后蹿了出来，小豆豆猝不及防，手里的杯子掉到了地上。

成语接龙

猝不及防　防不胜防　防微虑远　远走高飞
飞龙在天　天长地久　久闻大名　名满天下
下笔千言　言听计从

cuò shǒu bù jí
措手不及

看我一只手能传两个球。
你那个不算厉害，我能传两瓶汽水。
太热了，喝点儿汽水。
快找纸巾擦沙发，这可是新买的布艺沙发。
哎呀，纸巾放哪儿了？找不到了。

释义

措手：着手安排、处理、应付。事情来得突然，没有准备，来不及应付。

近义词

猝不及防　手足无措

反义词

应付裕如　有备无患

造句

王子老师突然说要考背诵课文，同学们都感到措手不及。

成语接龙

措手不及　及时行乐　乐极生悲　悲痛欲绝
绝无仅有　有板有眼　眼明手快　快人快语
语不惊人　人山人海

dà shī suǒ wàng
大失所望

太开心了，终于可以去水上乐园了。
最刺激的是冲浪，今天我们要玩个够。
看我的眼镜酷不酷？
看我的“游泳圈”酷不酷？
上乐园
唉，太失望了！
因内部维修，休园一天。

释义

指原来的希望全部落空，特别失望。

近义词

事与愿违　怅然若失

反义词

如愿以偿　大喜过望

造句

电影预告很精彩，于是小豆豆兴致勃勃地去看，结果大失所望而归，因为情节太老套了。

成语接龙

大失所望　望穿秋水　水落石出　出人意料
料事如神　神采飞扬　扬眉吐气　气象万千
千奇百怪　怪模怪样

dà xiāng jìng tíng
大相径庭

田大壮，你给我当模特吧！
不行，你画的苹果都像土豆似的。
黄美美，你给我当模特吧，我一定把你画得美美的。
好吧！
我腿都要站麻了，快点儿！
看，我画得像不像？
这是我吗？简直是大相径庭！

释义

径：门外的小路。庭：堂前的院子。比喻相差太多或完全不同。

近义词

天壤之别　截然不同

迥然不同

反义词

如出一辙　大同小异

相差无几

造句

这里的景色与电视里介绍的大相径庭，对此他感到特别失望。

成语接龙

大相径庭　亭亭玉立　立功赎罪　罪有应得

得道多助　助人为乐　乐极生悲　悲痛欲绝

绝处逢生　生机勃勃

dào bèi rú liú
倒背如流

美美真棒，这么小就会背《琵琶行》，这首长诗871个字呢！
圆周率小数点后100位，小豆豆都能倒背如流。
天哪，太厉害了！
3.1415926535642……
小豆豆，你太厉害了！
嘻嘻，你也能倒背如流，因为从小数点后的第十一位数字开始，我都是瞎编的。

释义

倒背：从诗文的后面往前面背诵。如流：像流水一样。倒着背诵都熟练、流畅得像流水一样。形容背诵得滚瓜烂熟，极其流利。

近义词

滚瓜烂熟

反义词

半生半熟　期期艾艾

造句

小豆豆对《三借芭蕉扇》的故事倒背如流，因为他已经看过十遍了。

成语接龙

倒背如流　流连忘返　返老还童　童叟无欺
欺上瞒下　下不为例　例行公事　事在人为
为人师表　表里如一

dé cùn jìn chǐ
得寸进尺

妈妈，今天星期日，我想玩一会儿轮滑。
乖宝贝，可以。
妈妈，我可以看半天动画片吗？
好吧。
看电视太无聊，我想打一天游戏，行吗？
行啊，你可以尽情地想，想一年都行。
想得美，得寸进尺！快学习去！
尖子生

释义

得到一寸，还想再进一尺。指得到了自己想要的东西后，还想得到更多。比喻贪得无厌，贪欲越来越大。

近义词

得陇望蜀　贪得无厌

反义词

适可而止

造句

小豆豆已经给肉包两块大排骨了，可是它得寸进尺，还想要第三块。

成语接龙

得寸进尺　尺短寸长　长话短说　说三道四
四面八方　方寸之地　地广人稀　稀稀拉拉
拉家带口　口干舌燥

guǒ bù qí rán
果不其然

我出去办事。你和田大壮别看电视，好好看书。
遵命。
太好了！
快关电视，妈妈要回来了。
这么烫！果不其然，你们一直都在看电视。
语文
语文

释义

果然如此。指事情的发展变化正如预料的一样。强调不出所料。

近义词

不出所料　始料所及

反义词

出人意料

造句

果不其然，正如田大壮预测的那样，小豆豆跳绳得了第一名。

成语接龙

果不其然　燃眉之急　急不可待　待人接物

物尽其用　用兵如神　神采飞扬　扬眉吐气

气壮山河　河落海干

huǒ yǎn jīn jīng
火眼金睛

是谁在叶子上写的字？
老师，让我看看叶子上的字。
我知道是谁写的了，那就是小豆豆。
你怎么猜出来是我？
因为我有一双火眼金睛。你又把“处处闻啼鸟”写成“外外闻啼鸟”了。
春眠不觉晓，外外闻啼鸟

释义

原指《西游记》中孙悟空能识别妖魔鬼怪的眼睛。后指人的眼光特别犀利，能够洞察事物的真伪好坏。

近义词

明察秋毫

反义词

有眼无珠

造句

王老师仿佛有一双火眼金睛，谁上课开小差，他一眼就能发现。

成语接龙

火眼金睛　惊天动地　地动山摇　摇身一变
变化无穷　穷寇莫追　追悔莫及　及时行乐
乐在其中　中流砥柱

huò zhēn jià shí
货真价实

看我画的大鸡腿，多像！
看我画的三层大蛋糕，多漂亮！
小豆豆，你画的巧克力也太简单了。
简单？你闻闻，这可是货真价实的巧克力味。
嗯嗯，浓浓的巧克力味。
嘻嘻，我是用巧克力蘸水画的！
我好想咬一口哇！

释义

价：价格，价钱。货物地道优良，不是假货，价格也公道实在。形容实实在在，一点儿也不假。

近义词

名副其实　名实相副

反义词

徒有虚名　滥竽充数

造句

这家超市的东西货真价实，所以顾客盈门。

成语接龙

货真价实　实心实意　意犹未尽　尽心尽力
力争上游　游山玩水　水涨船高　高歌猛进
进退两难　难解难分

jiàn yì yǒng wéi
见义勇为

喂，小不点儿！
怎么能欺负人呢，我一定得管管。
咱们别管，他们正在拍——
不许欺负人！
小朋友，你见义勇为很好，但是我们正在拍电视剧呢！

释义

义：正义。勇：勇敢。为：做。见到正义的事情，就勇敢去做。

近义词

急公好义

反义词

袖手旁观　见死不救

造句

这位解放军见义勇为的事迹感动了许多人。

成语接龙

见义勇为　为人师表　表里如一　一帆风顺
顺藤摸瓜　瓜熟蒂落　落花流水　水涨船高
高风亮节　节外生枝

jié rán bù tóng
截然不同

阿姨好！
你们班的大鱼和小鱼相貌一模一样，穿着也一模一样，你不会认错吗？
刚开始我也会认错。
那后来你是怎么区分开的呢？
别看她们长得一模一样，但是性格截然不同。小鱼是急性子，做什么事都急三火四。大鱼是慢性子，做什么事都慢慢吞吞。
慢
快

释义

截然：界限分明的样子。形容事物之间界限分明，毫无相同之处。

近义词

迥然不同　天壤之别　判若鸿沟

反义词

毫无二致　如出一辙　一模一样

造句

这两部小说是同一位作家写的，但是写作风格截然不同。

成语接龙

截然不同　同心协力　力不从心　心花怒放　放虎归山　山雨欲来　来历不明　明知故问　问长问短　短兵相接

jiǒng rán bù tóng
迥然不同

奶油、肉松，闻起来太香了。
太好吃了！我只吃一点儿。
哎呀，不知不觉，我吃了这么多！
奇怪，你爸买的蛋糕怎么跟我在图片上看到的迥然不同呢？

释义

迥然：相差很远的样子。形容差别很大，完全不同。

近义词

截然不同　大相径庭
天壤之别

反义词

一模一样　毫无二致
如出一辙

造句

这两只猫的样子迥然不同，一只是小白猫，一只是大黑猫。

成语接龙

迥然不同　同生共死　死不足惜　惜墨如金
金石之交　交头接耳　耳闻目睹　睹物思人
人所共知　知难而退

lóng fēi fèng wǔ
龙飞凤舞

写得太好了，瞧瞧，龙飞凤舞。
太乱了，我一个字也不认得。
这是草书，是古代大书法家怀素的大作。
我如果这么写作业，就得被老师罚重写。
嘻嘻，草书太简单了！
爸爸，你看，我的草书写作。

释义

像龙在飞腾，像凤在起舞。形容山势蜿蜒起伏，气势雄伟。也形容书法笔势灵动、飘逸。

近义词

笔走龙蛇　龙蛇飞动

反义词

春蚓秋蛇

造句

字帖上的字龙飞凤舞，小豆豆一个也不认识。

成语接龙

龙飞凤舞　舞文弄墨　墨迹未干　干净利落
落井下石　石破天惊　惊天动地　地利人和
和风细雨　雨过天晴

mò míng qí miào

莫名其妙

田大壮，你怎么交了一页空白作业?
老师，我真的写了。
老师，我看到田大壮交的不是空白作业，他写了满满一页呢！
咦，那字怎么都莫名其妙地消失了呢?
我知道了，田大壮用的是可擦笔，这种笔写出来的字遇热就会消失。
怪不得呢！我刚才把作业本放在水房的热水桶上面了。
那怎么办?我写的字都消失了。
没事，你放学把作业本放在冰箱里，那些字就会回来了。

释义

名：说出。妙：奥妙。无法说出其中的奥妙。形容事情很奇怪，令人难以理解或不合常理。

近义词

不可思议　摸门不着

反义词

恍然大悟

造句

看到田大壮风一般地向自己跑来，小豆豆莫名其妙地问：“你干吗跑得这么快呀？”

成语接龙

莫名其妙　妙手回春　春暖花开　开门见山

山雨欲来　来日方长　长驱直入　入木三分

分文不取　取长补短

sān xīn èr yì
三心二意

要么你就玩，要么你就学习，别三心二意，玩没玩好，学也没学好。
嘀嘀——
小豆豆，你怎么又在玩？
妈妈，你不是说做事别三心二意吗？我正在专心致志地玩。
……

释义

心里想这样，还想那样。形容犹犹豫豫，拿不定主意或意志不坚定。

近义词

犹豫不决　见异思迁　心猿意马

反义词

一心一意　全心全意

造句

如果做事情三心二意，就无法把事情做好。

成语接龙

三心二意　意气相投　投其所好　好为人师　师出有名　名落孙山　山清水秀　秀外慧中　中饱私囊　囊中羞涩

shà yǒu jiè shì
煞有介事

这蜘蛛丝太细了!
小心，可别弄断了。
你们俩做什么呢?
别把蜘蛛丝弄断了，你小心点儿跳过去。
胡小胡，你上当了，他们弄得像真的一样，其实根本没有蜘蛛丝。

释义

煞：很。介事：那样的事。形容装模作样，好像真有那么一回事似的。

近义词

装模作样　装腔作势

造句

小豆豆和田大壮煞有介事地抬头看着天空，好像天空中有什么东西，引得黄美美也抬头看着天空。

成语接龙

煞有介事　事在人为　为所欲为　为人师表

表里如一　一举两得　得不偿失　失而复得

得天独厚　厚积薄发

shī zi dà kāi kǒu
狮子大开口

童年一去不复返，在最美好的年纪得到一份礼物是不是一件很美好的事？
当然。
赠人玫瑰，手有余香，对不对？
当然。
都行。
过儿童节，你能送我一辆玩具赛车吗？
当然。
这辆车是 1500 元。
1500
你可真能狮子大开口。

释义

像狮子张开大嘴一样。比喻要价很高或提出的条件很高。

近义词

漫天要价

造句

赵叔叔做生意很实在，从来不狮子大开口。

成语接龙

狮子大开口　口蜜腹剑　剑拔弩张　张冠李戴　戴罪立功　功不可没　没齿难忘　忘恩负义　义不容辞　辞旧迎新

shí jīn bú mèi
拾金不昧

表扬黄美美同学，捡到别人的手机交给了失主。这种拾金不昧的精神值得大家学习。
我也想捡到东西交给失主。
小豆豆，你低着头是在找钱吗？
对！怎么没有人掉钱呢？
嘻嘻！我看小豆豆能不能发现。
50
爸爸，我捡到了50元钱，我要交给老师！
别交给老师，那是我的，你得还给我。
50

释义

金：金钱，贵重物品。昧：隐藏。捡到钱财，不隐藏起来偷偷据为己有，而是将其交还给失主。

近义词

路不拾遗

反义词

见利忘义　见财起意

财迷心窍

造句

失主对小豆豆说：“你是个拾金不昧的好孩子，谢谢你。”

成语接龙

拾金不昧　昧旦晨兴　兴师动众　众望所归

归心似箭　箭在弦上　上天入地　地大物博

博学多才　才华横溢

shì dé qí fǎn
适得其反

明天要进行接力赛，我得加油练。
早上
你昨天练得太多了，适得其反。
妈妈，我的腿又酸又痛。
比赛
小豆豆，加油！
小豆豆，你今天怎么跑得像蜗牛？
我的腿太疼了，都怪我昨晚一口气跑了两千米。

释义

适：正好，恰好。反：相反。恰好得到与愿望、预期相反的结果。

近义词

事与愿违　过犹不及

反义词

称心如意　如愿以偿

造句

黄美美有些沮丧，她本以为能在歌咏比赛中取得好成绩，结果适得其反。

成语接龙

适得其反　反咬一口　口是心非　非同小可
可歌可泣　泣不成声　声名鹊起　起死回生
生不逢时　时来运转

shì kě ér zhǐ
适可而止

肉夹馍
肉太少了，再给我加点儿肉。
肉夹馍
太小气了，再加几块。
你适可而止吧，饼太小，都要夹不住肉了。
不用你管！
叔叔，你自己做一个大饼带来，就能夹更多的肉了。

释义

适：恰好。适可：恰好可以。指达到适当的程度就停下来，不要做过头。

近义词

恰到好处

反义词

得寸进尺

造句

烤牛肉很美味，但田大壮的爷爷吃了两块就停下来了，他说："牛肉很好吃，可是我消化不好，要适可而止。"

成语接龙

适可而止　止于至善　善始善终　终身大事
事必躬亲　亲如手足　足智多谋　谋财害命
命若悬丝　丝丝入扣

shǒu kǒu rú píng
守口如瓶

我和田大壮定了个秘密暗号，你怎么问也问不出来。
我就不相信田大壮会守口如瓶。
你告诉我暗号，我把巧克力给你。
就不告诉你。
明天我给你带恐龙玩具。
就不告诉你。
哼，不告诉我拉倒。
我都告诉你暗号了，快给我巧克力！
哈哈哈，黄美美上当了，这个暗号是——就不告诉你。

释义

紧闭着嘴不说，就像瓶口塞紧了一样。形容保守秘密或说话谨慎。

近义词

秘而不宣　讳莫如深　三缄其口

反义词

和盘托出　信口开河

造句

朱珠把秘密告诉了田大壮，叮嘱他千万要守口如瓶。

成语接龙

守口如瓶　平易近人　人去楼空　空前绝后
后患无穷　穷山恶水　水到渠成　成千上万
万水千山　山高水长

tóng xīn wèi mǐn
童心未泯

三百片拼图，真麻烦。我得睡觉了。
这东西挺有意思，我来拼拼。
太好玩了，可惜片数有些少，我很快就能拼完。
第二天早上
这是谁拼的，太厉害了！
当然是我啦！我小时候从没玩过这么好玩的东西呢！

释义

童心：儿童天真纯朴的心。泯：泯灭，消失。指年岁虽大，却仍然拥有一颗天真纯朴的心。

近义词

天真烂漫

造句

小豆豆的爷爷虽然年纪大了，但童心未泯，经常和小朋友们一起做各种游戏。

成语接龙

童心未泯　敏而好学　学无止境　镜花水月
月黑风高　高朋满座　座无虚席　席地而坐
坐立不安　安居乐业

wàng wén shēng yì
望文生义

田大壮，你来解释一下机不可失。
机不可失就是手机千万不能丢失。
那度日如年是什么意思？
意思是现在生活条件好了，每天都像过年一样。
语文
同学们，田大壮用实际行动教会了我们一个成语，那就是望文生义。
老师，田大壮还教会了我们一个成语——胡说八道。

释义

义：含义。只从字面上去理解，不了解其中真正的含义，从而解释错误。

近义词

缘文生义

造句

小豆豆经常望文生义，闹出了不少笑话。

成语接龙

望文生义　义不容辞　辞旧迎新　新陈代谢

谢天谢地　地利人和　和盘托出　出头露面

面不改色　色厉内荏

wén sī bú dòng
纹丝不动

操场
我们都是木头人，
谁也不许动一下。
小豆豆、田大壮，
笑一个！
课堂上
小豆豆呢？
他在操场上当
木头人呢！

释义

纹丝：形容细微、极小。形容一点儿也不动。

近义词

岿然不动

反义词

地动山摇

造句

田大壮和妹妹玩藏猫猫，他躲在窗帘后面纹丝不动。

成语接龙

纹丝不动　动人心弦　弦外之音　音容笑貌
貌合神离　离群索居　居心不良　良莠不齐
齐心协力　力争上游

wú kě nài hé
无可奈何

妈妈，我想吃点儿好吃的。
你想吃什么，尽管点。
我想吃炸鸡和烤肉。
现在很多鸡都是速成鸡，总吃烤肉对身体不好。
我想喝奶茶。
奶茶含糖量太高，喝多了对身体不好。
你再想想，慢慢想。
唉，算了，我什么也不想吃了。

释义

奈何：怎么办。毫无办法，无法可想。

近义词

无计可施　迫不得已

造句

小豆豆想带肉包出去玩，但现在外面下着大雨，他只能无可奈何地看着窗外。

成语接龙

无可奈何　何乐不为　为所欲为　为人师表
表里如一　一穷二白　白手起家　家道中落
落落大方　方兴未艾

xī mò rú jīn
惜墨如金

《我最喜欢的玩具》，这太好写了。
唉，汽车模型、滑板车我都喜欢，写哪个呢？
你怎么一个字都没写呢？
这你就不懂了，我这是惜墨如金。
胡小胡，你怎么也一个字都没写呢？
我什么玩具都不喜欢，不知道该怎么写。

释义

惜：爱惜。爱惜笔墨就像金子一样。指创作态度严谨，力求作品精炼。

近义词

字斟句酌

反义词

连篇累牍　长篇大论

造句

她在创作《我的童年》时惜墨如金。虽然这只是篇短篇小说，但内涵丰富。

成语接龙

惜墨如金　金榜题名　名副其实　实至名归
归心似箭　箭在弦上　上天入地　地大物博
博学多才　才华出众

xiāng tí bìng lùn

相提并论

妈妈，我想买个汽车拼装模型。
不买，你都有五六个了。
99
我还没有越野车。
都是车，能有什么大区别？
那你的衣服多得要把衣柜撑爆了，你还不停地买！
这怎么能相提并论？买衣服的钱都是我辛苦挣的。
那你可以把钱借给我吗？等我长大挣钱了就还给你。
99

释义

并：一起。把不同情况或性质的人或事物混在一起谈论或同等看待。

近义词

等量齐观　同日而语
一概而论　混为一谈

反义词

不可同日而语

造句

这两本书的写作风格截然不同，不能相提并论。

成语接龙

相提并论　论古谈今　今非昔比　比比皆是
是非分明　明辨是非　非分之想　想方设法
法不徇情　情真意切

xiāng xíng jiàn chù
相形见绌

教师节
看，这是我用超轻黏土给王子老师捏的花。
哇，太漂亮了，简直栩栩如生！
你要送给王子老师什么礼物？
我——我——没准备礼物。
你手里拿的是什么？
我也捏了一朵花，可是我捏得太难看了，跟你的一比相形见绌。王子老师会不会嫌弃呢？
我太幸运啦！感谢你们送给我这么珍贵的礼物！

释义

形：比较。见：显现。绌：不足。相比之下，就显现出一方的不足。

近义词

小巫见大巫　等而下之　黯然失色

反义词

略胜一筹　不相上下

造句

歌咏比赛中，黄美美的歌声太动人了，其他参赛者相形见绌。

成语接龙

相形见绌　触目惊心　心口不一　一心一意
意在言外　外强中干　干净利落　落落大方
方寸之地　地利人和

yì huī ér jiù
一挥而就

别发呆了，快写作文吧！
不急不急，不就是用两百字写《夏天》吗？
快下课了，再不写就来不及了！
放心，我一挥而就。
唰唰唰，我一会儿就能写完。
夏天到了，青蛙在池塘里叫着：呱呱呱呱呱呱呱呱呱呱呱呱呱呱呱呱……

释义

挥：挥笔。就：完成。笔一挥就完成了。形容才思敏捷，写书法、创作诗文、绘画很快就完成了。

近义词

倚马可待　一气呵成

反义词

江郎才尽

造句

何小米的姥爷拿起毛笔，一挥而就，写下了“宁静致远”四个大字。

成语接龙

一挥而就　就事论事　事出有因　因人而异　异想天开　开门见山　山雨欲来　来日方长　长久之计　计上心来

yí jì zhī cháng
一技之长

同学们，我建议你们每人都要有一技之长。
我钢琴过八级了。
我练了三年跆拳道。
我能用口哨吹出一首歌。
我会吃饭。
胡小胡，吃饭算什么一技之长？
老师，我是说我会品尝美食，将来可以当个美食家。

释义

技：技能。长：专长。指有某方面的技能或专长。

近义词

拿手好戏

反义词

一无所长　百无一能

造句

她特别擅长剪纸，凭借这一技之长，出版了一本关于剪纸的书。

成语接龙

一技之长　长年累月　月白风清　清闲自在
在此一举　举世瞩目　目不暇接　接连不断
断章取义　义无反顾

yí mù shí háng
一目十行

国庆节期间，我看完了七部《哈利·波特》。
不可能，每部都那么多字，你根本看不完。
我一目十行，一天看一部，七天正好七部。
那你给我说说每部都讲了什么。
@ = % × # * ?
没想到，你一目十行，居然把内容都记住了。
嘻嘻，其实我是看了七部《哈利·波特》的电影。
movies~

释义

看书时，一眼可以看十行。形容阅读的速度非常快。

近义词

十行俱下

造句

小豆豆急不可待地翻开《大侦探》，一目十行地看了起来。

成语接龙

一目十行　行伍出身　身轻体健　健步如飞

飞沙走石　石破天惊　惊天动地　地大物博

博大精深　深情厚谊

yí qiào bù tōng
一窍不通

胡小胡，你会玩电子游戏吗？
我从来不玩电子游戏，对电子游戏一窍不通。
小豆豆，你得向胡小胡学习。
晚上
来，你的“鸡兔同笼”题全算错了。
我对“鸡兔同笼”一窍不通。
对电子游戏一窍不通是好事，但数学必须得好好学。

释义

窍：孔，指心窍。比喻什么都不懂。

近义词

一无所知

反义词

无所不知　无所不通

造句

田大壮的姥姥对如何使用笔记本电脑一窍不通，田大壮不厌其烦地教她。

成语接龙

一窍不通　通今博古　古往今来　来日方长
长年累月　月朗风清　清闲自在　在所不惜
惜墨如金　金榜题名

yì sī bù gǒu
一丝不苟

咦，你手背上怎么有四个字——一丝不句？
你读错了，是一丝不苟，不是一丝不句。
一丝不苟
老师，小豆豆在手上打小抄。
老师，这是我妈妈写在我手背上的。她提醒我综合能力测试时要认真。
小豆豆的妈妈是学岳母刺字，岳飞的母亲在他后背上刺了四个字——尽忠报国。
幸亏妈妈不是把字刺在我后背上，而是写在我手背上。
希望同学们都把一丝不苟四个字记在心里，无论做什么事都认认真真。

释义

苟：马虎。一点儿都不马虎。形容办事极其认真、细致。

近义词

兢兢业业

反义词

粗枝大叶　敷衍了事
马马虎虎　粗心大意

造句

小豆豆正在一丝不苟地练书法。

成语接龙

一丝不苟　苟且偷生　生死相依　依依不舍
舍己为人　人山人海　海阔天空　空穴来风
风调雨顺　顺水人情

yì wú suǒ yǒu
一无所有

往下挖，有宝物
不知田大壮埋的是什么宝物。
继续挖
还得继续挖，好累呀！
加油，继续挖
田大壮，你太气人了！
送你个成语：一无所有

释义

一：一概，完全。什么都没有。

近义词

空空如也　一贫如洗

反义词

无所不有　应有尽有

造句

他曾经一无所有，后来凭借帮人修理电器，一点点改善了生活条件。

成语接龙

一无所有　有朝一日　日新月异　异口同声
声势浩大　大步流星　星星之火　火树银花
花前月下　下不为例

zì zhī zhī míng
自知之明

如果这次英语演讲比赛你得第一名，我就带你去海洋公园。
太好了！我想看海豚。
那你好好练习演讲。
爸爸，算了，我还是不去海洋公园了。
没事，别怕花钱。
不是钱的问题。我们班新转来一位同学，他英语可厉害了。
那怕什么，你好好练习，一定能超过他。
我有自知之明，新转来的同学是英国人。

释义

自知：自己了解自己。明：看清事物的能力。形容自我了解，对自己能做出正确的评估。

反义词

不自量力

造句

小豆豆还没写完作业，所以他有自知之明，没跟田大壮出去玩。

成语接龙

自知之明　明辨是非　非分之想　想方设法
法不徇情　情理难容　容光焕发　发人深思
思前想后　后会有期

成语拓展

爱憎分明
跋山涉水
白发苍苍
百看不厌
搬弄是非
膀大腰圆
笨鸟先飞
笨手笨脚
比上不足，比下有余
笔走龙蛇
变本加厉
变化多端
不计其数
不可估量
不可开交
不可胜数
不可思议
不屈不挠
不言而喻
不厌其烦

不约而同
不折不扣
不知所措
不足为奇
才华横溢
沧海桑田
沧海一粟
草长莺飞
层出不穷
慈眉善目
差之毫厘，谬以千里
姹紫嫣红
出谋划策
处心积虑
重见天日
重整旗鼓
大步流星
大模大样
大摇大摆
刀枪不入

得过且过
得心应手
跌跌撞撞
耳闻目睹
翻来覆去
翻山越岭
翻箱倒柜
粉墨登场
孤芳自赏
顾影自怜
鹤发童颜
囫囵吞枣
糊里糊涂
画龙点睛
举世闻名
空空如也
老态龙钟
踉踉跄跄
眉清目秀
明眸皓齿

摩拳擦掌	天长日久	一而再，再而三
排山倒海	天之骄子	一夫当关，万夫莫开
披头散发	亭亭玉立	一清二白
七手八脚	同归于尽	一清二楚
齐头并进	偷偷摸摸	一去不复返
气喘吁吁	挖空心思	一如既往
前俯后仰	畏首畏尾	一五一十
巧夺天工	文质彬彬	一叶知秋
轻歌曼舞	无病呻吟	一饮而尽
如虎添翼	无济于事	一针见血
如鱼得水	无价之宝	引人入胜
茹毛饮血	无能为力	有板有眼
姗姗来迟	无穷无尽	源源不断
赏心悦目	无微不至	张牙舞爪
深居简出	相貌堂堂	直言不讳
十全十美	摇头摆尾	重于泰山
手忙脚乱	摇头晃脑	抓耳挠腮
手舞足蹈	摇摇欲坠	转危为安
腾云驾雾	一尘不染	走马观花
天造地设	一动不动	左顾右盼

成语演练室

坐过山车

沈阳市南京九校　林楚楚

你坐过过山车吗？我永远记得第一次坐过山车时那惊心动魄的感觉。

风驰电掣的过山车像一条钢铁巨龙，急速地翻腾旋转。我胆战心惊，死死地闭着眼睛，手紧紧地抓着座位护栏。天哪！我感觉自己要被甩出去了，心里七上八下。隆隆的呼啸声挡不住我刺耳的尖叫声，我已无暇顾及别人会不会笑话我是个胆小鬼。

漫长的九十秒之后，过山车总算停了下来。我战战兢兢地站起来，腿软得像面条。工作人员让我们看机器自动抓拍的照片。照片上，爸爸的脸已经扭曲，一副痛不欲生的表情；妈妈眉头紧锁，双唇紧闭，面如土色；我惊恐得嘴都要咧到耳根了，嘴里仿佛可以塞进一个苹果。看着照片，我们都忍不住哈哈大笑。坐过山车真是又刺激又快乐呀！

我学会了包粽子

沈阳市文化路小学　赵琪

端午节，妈妈一早起来就忙开了。她先在门上插上艾蒿，接着把泡好的粽叶端上餐桌，又端来一盆泡在水里的糯米。妈妈要开始包粽子了！

我看着好奇，也想学包粽子。爸爸笑着说："我看算了吧，我都学不会，你指定也学不会。"爸爸太小瞧人了，我很不服气。

妈妈一边做示范，一边给我讲解。她先拿起两片粽叶，叠压在一起，再把粽叶卷成一个圆锥，然后把糯米装进去，接下来把上部的粽叶向下折叠，最后用线绳把粽子绑结实。妈妈包得很轻松，不一会儿，一个好看的四角粽子就包好了。

可轮到我就没有那么简单了。我的手指好像木棍，根本不听我使唤；糯米也不听话，从粽叶里溜出来。费了九牛二虎之力，我终于把糯米用粽叶裹了起来，可是等我用线绳捆扎时，我用力过大，粽叶散开，糯米全洒了。

我有些沮丧。爸爸笑嘻嘻地说:“哈哈，你跟我一样笨!”

看着爸爸得意扬扬的样子，我又不服气了。我请妈妈慢慢包，我一个动作一个动作地跟着她学。在妈妈的耐心指导下，我终于包好了一个四角粽子。虽然粽子的外形没有妈妈包的好看，但很结实，下锅煮一定不会散开。

接下来，我又包了七个粽子，一个比一个包得好看。我终于学会了包粽子，爸爸只能甘拜下风。我包的粽子全用白线绳绑，妈妈包的全用红线绳绑。

大约煮了两个小时，屋子里弥漫着粽子那诱人的香味。

当妈妈把热气腾腾的粽子端上餐桌，爸爸连忙剥了一个系白线绳的粽子，边吃边赞叹:“我宝贝女儿包的粽子就是香!”

我学会了______

跳绳、玩轮滑、骑自行车、包饺子……在你成长的过程中，你学会做哪些事情了呢？让我们一起来分享你的喜悦吧！

（小提示：详细描写学习过程中遇到的困难和当时的心情。）

成语游戏

一、读一读下面的成语谜题，把谜底写在后面的括号里。

1. 门庭若市（打一字）（　　　　　　　）

2. 白玉无瑕（打一字）（　　　　　　　）

3. 千言万语（打一字）（　　　　　　　）

4. 夸夸其谈（打一城市名）（　　　　　　　）

5. 一孔之见（打一物品）（　　　　　　　）

二、开动你的小脑筋，猜猜下面的脑筋急转弯吧。谜底是成语哟！

1. 最大的差别（　　　　　　　）

2. 最大的变化（　　　　　　　）

3. 最大的幸运（　　　　　　　）

4. 最危险的事（　　　　　　　）

5. 最危险的时刻（　　　　　　　）

6. 最好的生意（　　　　　　　）

7. 最神奇的药（　　　　　　　）

8. 最可怕的雨（　　　　　　　）

三、下面这些歇后语的后半部分都是成语，你能填出来吗？

1. 给狗扔骨头——投其（　　）（　　）
2. 狗抓刺猬——无（　　）下（　　）
3. 兔子拉车——连蹦（　　）（　　）
4. 放虎归山——后患（　　）（　　）
5. 发了疯的猴子——上（　　）下（　　）
6. 热锅上的蚂蚁——坐立（　　）（　　）
7. 油锅里炸虾——活（　　）乱（　　）
8. 教猴子爬树——多此（　　）（　　）
9. 苍蝇会蜘蛛——自投（　　）（　　）
10. 看见蚊子就拔剑——小（　　）大（　　）

四、以下每个成语都是由两对反义词组成的，你能把它们填完整吗？

是（　　）曲（　　）　　死（　　）活（　　）

天南（　　）（　　）　　喜（　　）厌（　　）

五、以下成语中都包含叠字。快来玩叠叠乐吧！

（　　）（　　）其谈　　（　　）（　　）在目

(　　　)(　　　)大方　　　(　　　)(　　　)私语

六、看看下面的数字或式子，你能猜出对应的成语吗？

1. 1，2，5，6，7，8，9，10　(　　　　　　　)

2. $1\times1=1$　(　　　　　　　)

3. 1 个 5，1 个 10　(　　　　　　　)

4. $\frac{1}{2}$　(　　　　　　　)

答案

一、1. 闹　2. 皇　3. 够　4. 海口　5. 显微镜

二、1. 天壤之别　2. 天翻地覆　3. 九死一生　4. 与虎谋皮

5. 千钧一发　6. 一本万利　7. 灵丹妙药　8. 枪林弹雨

三、1. 投其所好　2. 无从下手　3. 连蹦带跳　4. 后患无穷

5. 上蹿下跳　6. 坐立不安　7. 活蹦乱跳　8. 多此一举

9. 自投罗网　10. 小题大做

四、是非曲直　死去活来　天南地北　喜新厌旧

五、夸夸其谈　历历在目　落落大方　窃窃私语

六、1. 丢三落四　2. 一成不变　3. 一五一十　4. 一分为二

图书在版编目（CIP）数据

成语里的技能品质 / 狐狸姐姐著. -- 长沙：湖南科学技术出版社，2024. 11. --（小豆豆快乐学成语）.

ISBN 978-7-5710-3249-4

Ⅰ. G624. 203

中国国家版本馆 CIP 数据核字第 2024J4V325 号

上架建议：少儿读物

XIAO DOUDOU KUAILE XUE CHENGYU · CHENGYU LI DE JINENG PINZHI

小豆豆快乐学成语 · 成语里的技能品质

著　　者：狐狸姐姐
出 版 人：潘晓山
责任编辑：刘　竞
策划出品：李　炜　张苗苗
策划编辑：李孟思
特约编辑：张晓璐
营销编辑：付　佳　杨　朔
装帧设计：马睿君
漫画创意：新风尚文化创意公司　吴京徽　孙志宏
出　　版：湖南科学技术出版社
（湖南省长沙市芙蓉中路 416 号 邮编：410008）
网　　址：www.hnstp.com
印　　刷：天津市豪迈印务有限公司
经　　销：新华书店
开　　本：715 mm × 875 mm　1/16
字　　数：39 千字
印　　张：6.75
版　　次：2024 年 11 月第 1 版
印　　次：2024 年 11 月第 1 次印刷
书　　号：ISBN 978-7-5710-3249-4
定　　价：20.00 元

若有质量问题，请致电质量监督电话：010-59096394　团购电话：010-59320018